BEI GRIN MACHT SICH I... WISSEN BEZAHLT

- Wir veröffentlichen Ihre Hausarbeit, Bachelor- und Masterarbeit

- Ihr eigenes eBook und Buch - weltweit in allen wichtigen Shops

- Verdienen Sie an jedem Verkauf

Jetzt bei www.GRIN.com hochladen und kostenlos publizieren

Bibliografische Information der Deutschen Nationalbibliothek:

Die Deutsche Bibliothek verzeichnet diese Publikation in der Deutschen National-
bibliografie; detaillierte bibliografische Daten sind im Internet über http://dnb.d-
nb.de/ abrufbar.

Dieses Werk sowie alle darin enthaltenen einzelnen Beiträge und Abbildungen
sind urheberrechtlich geschützt. Jede Verwertung, die nicht ausdrücklich vom
Urheberrechtsschutz zugelassen ist, bedarf der vorherigen Zustimmung des Verla-
ges. Das gilt insbesondere für Vervielfältigungen, Bearbeitungen, Übersetzungen,
Mikroverfilmungen, Auswertungen durch Datenbanken und für die Einspeicherung
und Verarbeitung in elektronische Systeme. Alle Rechte, auch die des auszugsweisen
Nachdrucks, der fotomechanischen Wiedergabe (einschließlich Mikrokopie) sowie
der Auswertung durch Datenbanken oder ähnliche Einrichtungen, vorbehalten.

Impressum:

Copyright © 2018 GRIN Verlag
Druck und Bindung: Books on Demand GmbH, Norderstedt Germany
ISBN: 9783668800908

Dieses Buch bei GRIN:

https://www.grin.com/document/441423

Thomas Korobczuk

Betrachtung der Chancen und Risiken des Einsatzes von 5G Technologie als Basis der IoT Architektur

GRIN Verlag

FOM Hochschule für Oekonomie & Management

Hochschulzentrum Essen

Berufsbegleitender Studiengang zum

Master of Science, IT-Management

Seminararbeit

über das Thema

Betrachtung von Chancen und Risiken des Einsatzes von 5G Technologie als Basis der IoT Architektur

Von

Thomas Korobczuk

Abgabedatum   2018-06-17

Inhaltsverzeichnis

Abbildungsverzeichnis

Abkürzungsverzeichnis

1G   Mobilfunkstandard der ersten Generation

2G   Mobilfunkstandard der zweiten Generation

3G   Mobilfunkstandard der dritten Generation

4G   Mobilfunkstandard der vierten Generation

5G   Mobilfunkstandard der fünften Generation

EDGE   Enhanced Data Rate for GSM Evolution

Gbit/s   Gigabit per second

GPRS   General Packet Radio Service

GSM   Global System for Mobile Communications

HSPA   High Speed Packet Access

IoT   Internet of Things (Internet der Dinge)

Kbit/s   Kilobit per second

Mbit/s   Megabit per second

MIMO   Multiple Input Multiple Output

LTE   Long Term Evolution

M2M   Machine to Machine

RFID   Radio-frequency Identification

SMS   Short Message Service

SOA   Service-oriented Architecture

UMTS   Universal Mobile Telecommunications Service

1. Einleitung

1.1 Problemstellung

„When wireless is perfectly applied, the whole earth will be converted into a huge brain, which in fact it is, all things being particles of a real and rhytmic whole."[1] Mit diesem Satz konstatierte Nikola Tesla (1856 – 1943) in den Zwanzigerjahren des vergangenen Jahrhunderts einen aus heutiger Sicht bemerkenswerten technologischen Weitblick. Heute, zweiundneunzig Jahre später, hat Teslas Zitat nicht an Aktualität verloren. Indes hat die Menschheit bereits zahlreiche technologische Entwicklungen miterleben dürfen, jedoch steht sie zurzeit an der Schwelle einer Entwicklung, die das Potential hat, unser Leben vollumfänglich zu verändern. Das Internet of Things (IoT) wird Auswirkungen auf annähernd alle Bereiche des Lebens haben und viele Milliarden uns umgebende Gegenstände miteinander vernetzen. So schätzt das statistische Bundesamt die Gesamtzahl der vernetzten Dinge weltweit bis zum Jahr 2020 auf über 20 Milliarden, davon allein rund 13 Milliarden im Consumer-Bereich.[2] Eine solches Maß an vernetzten Geräten stellt immense Anforderungen an die zugrunde liegende IT-Infrastruktur. Es gilt eine Architektur zu entwickeln, die nicht nur dazu in der Lage sein muss die schiere Anzahl an Netzwerkteilnehmern zu verarbeiten, sondern ferner die Neuerungen und Besonderheiten des IoT vollumfänglich zu unterstützen. Eine solche Architektur wird momentan mit dem Mobilfunknetz der fünften Generation (5G) entwickelt und bis 2020 zum Einsatz kommen. Doch ist diese Technologie den Ansprüchen des entstehenden größten Netzwerkes der Menschheitsgeschichte gewachsen? Diese Arbeit soll die Chancen und möglichen Risiken, die mit dem Einsatz der 5G Technologie für das IoT einhergehen, untersuchen.

1.2 Gang der Untersuchung

Die vorliegende Seminararbeit ist wie folgt aufgebaut: Der Hauptteil der Arbeit ist in drei Bereiche aufgegliedert. Der erste Teil (Kapitel zwei) beschäftigt sich zunächst mit den Grundlagen der 5G Technologie. Nach der Darstellung der historischen Entwicklung des Mobilfunks wird die Evolution von der 4G zur 5G Technologie beleuchtet, bevor alsdann

---

[1] Tesla, N., Interview, 1926, in: Kennedy, J. B. (1926), o. S., zitiert nach tcfbooks.com.
[2] Statistisches Bundesamt, Prognose zur Anzahl der Geräte im IoT, 2017, o.S., zitiert nach de.statista.com.

die Haupttreiber der 5G Technologie untersucht werden. Im zweiten Teil der Arbeit (Kapitel 3) werden anhand der historischen Entwicklung des Internets und einer Darstellung des Grundkonzeptes des IoT, sowie des Ubiquitous Computing, die Grundlagen des Internet of Things untersucht. Der dritte Teil der Seminararbeit verknüpft die untersuchten Grundlagen der 5G Technologie, sowie des IoT, um die Chancen und Risiken einer solchen Technologiearchitektur zu ergründen. Im letzten Teil der Arbeit wird abschließend ein Fazit gezogen, sowie ein kurzer Ausblick auf die zukünftige Entwicklung gegeben.

1.3 Zielsetzung

Ziel dieser Seminararbeit soll es sein, herauszufinden, ob und in wie fern die Verwendung der 5G Mobilfunktechnologie als grundlegende Basis für das IoT bis 2020 genutzt werden kann und welche Chancen und Risiken sich aus einem solchen Einsatz ergeben.

2. Grundlagen der 5G Technologie

2.1. Historische Entwicklung des Mobilfunks

Die erste Generation des Mobilfunks (1G) wurde bereits vor vierzig Jahren von Nippon Telephone and Telegraph Company in Tokyo, Japan vorgestellt.[3] Die daraufhin global eingeführten Mobilfunktechnologien waren rein auf die Übermittlung von Sprache konzipiert. Ein wesentlicher Nachteil dieses Standards stellte die mangelnde internationale Kompatibilität dar. Die in den 80er Jahren etablierten A-, B-, und C-Netze werden heute zusammenfassend als Mobilfunk der ersten Generation (1G) deklariert.[4]

Seither wurde in jeder Dekade eine neue Mobilfunktechnologie vorgestellt, die eine Weiterentwicklung der zuvor genutzten Standards darstellte und dem Nutzer neue Funktionen und Eigenschaften bot. Mit der Einführung der zweiten Generation des Mobilfunks (2G), die auf dem Global System for Mobile Communications (GSM) basierte, erfolgte der Umstieg auf eine Übertragungstechnologie, die eine digitale Sprach- sowie zum erstmals auch Datenübermittlung ermöglichte. Das D-Netz, das auf dem GSM Standard beruhte, galt als zuverlässig, bot eine fast deutschlandweite Abdeckung und machte das Mobiltelefon, auch dank neu entstandener Funktionen wie SMS,

---

[3] Vgl. Prasad, R., 5G 2020 and Beyond, 2014, S. 1.
[4] Vgl. Nuszkowski, H., Digitale Signalübertragung, 2010, S. 2.

massentauglich. Bereits eineinhalb Jahre nach der Einführung des GSM Standards wurden in Deutschland eineinhalb Millionen Mobilfunkkunden verzeichnet. Noch im Rahmen der 2G Architektur evolvierten verschiedene Standards wie GPRS und EDGE, die eine Datenübertragung von höherer Bandbreite ermöglichten und die Entwicklung zum 3G Netz einleiteten.[5]

Nicht zuletzt durch die Einführung der ersten Smartphones, spätestens allerdings nach der Vorstellung des Apple iPhones im Jahre 2007, veränderte sich das Nutzungsverhalten der Mobilfunknutzer zu bandbreitenintensiveren Funktionen. Entsprechend wurde bei neueren Generationen wie 3G und 4G zunehmend Wert auf die paketorientierte Datenübertragung mit höheren Bandbreiten gelegt. So wurde mit Einführung der 3G Architektur mit UMTS 2005 in Deutschland zunächst eine Bandbreite von 384 Kbit/s für mobile User bereitgestellt,[6] die sowohl eine internetbasierte mobile Übertragung von Video- und Audiodaten, als auch eine verbesserte gleichzeitige Nutzung vieler Nutzer, im Gegensatz zu leitungsorientierter Nutzung, ermöglichte.[7] Stetige Weiterentwicklungen und die Einführung eines neues Standards HSPA steigerten die reale Datenrate in der Praxis um ein Vielfaches. 2007 waren maximale reale Datenraten von 14,4 Mbit/s und 2009 mit HSPA+ 28,8 Mbit/s möglich.[8]

Die 4G LTE Technologie wurde von Beginn an rein paketorientiert konzipiert, im Gegensatz zu HSPA Standard, der eine Erweiterung einer bestehenden Technologie darstellt, der sowohl leitungs- als auch paketorientiert entwickelt wurde. Erneut wurde der Fokus auf mobile Breitbanddienste gelegt: Niedrigere Latenz, höhere Datenübertragungsraten, sowie höhere Netzkapazitäten waren von zentraler Bedeutung. Eine weitere wesentliche Neuerung des 4G LTE war die erneute weltweite Standardisierung, wie bei GSM. LTE gilt heute als die aktuelle Netzarchitektur in Deutschland und wird weltweit genutzt.[9] Theoretische Datenraten von bis zu 1 Gbit/s sind bereits heute möglich, wobei sich 200 Mbit/s in deutschen Netzen erreichen lassen.[10]

---

[5] Vgl. Schneider, S., Mobile Marketing, 2015, S. 19 ff.
[6] Vgl. Laudon, K., Laudon, J., Wirtschaftsinformatik, 2010, S. 354.
[7] Vgl. Walke, B., Mobilfunknetze, 2001, S. 489.
[8] Vgl. Scherff, J., Computernetzwerke, 2010, S. 373.
[9] Vgl. Dahlman, E., Parkvall, S., Skold, J., Road to 5G, 2016, S. 3.
[10] Vgl. Vodafone AG, o. V., Internet mit LTE, 2018, o.S., zitiert nach vodafone.de.

2.2. Evolution der 4G zur 5G Technologie

Bei der Betrachtung der Anforderungen an zukünftige Mobilfunknetze sind im besonderen zwei Entwicklungen auf Grund ihrer Signifikanz hervorzuheben: Dies ist zum einen die Entwicklung der Anzahl der Teilnehmer im Mobilfunk und zum anderen die weltweit übertragene Datenmenge. Seit dem Jahr 2000 lässt sich weltweit eine exponentielle Entwicklung in der Anzahl der Mobilfunkteilnehmer feststellen. Dies führte 2013 zum ‚Breakeven' der Zahl der Teilnehmer im Mobilfunk mit der Gesamtbevölkerung der Erde. Dieser Aufwärtstrend soll sich auch zukünftig fortsetzen und führt 2019 zu prognostizierten 9,3 Mrd. Mobilfunkteilnehmern.[11] Nach Schätzungen von Cisco Systems überschritt die weltweit übertragene Datenmenge 2016 ein Zettabyte[12] und wird sich bis 2019 auf zwei Zettabyte pro Jahr erhöhen. Im gleichen Jahr soll die Datenmenge, die über Mobilfunknetze übertragen wird, die Datenmenge drahtgebundener Übertragung zum ersten Mal übersteigen.[13]

Verfolgte man bei der zurückliegenden Entwicklung der letzten Jahre in erster Linie eine Erhöhung des Datendurchsatzes, kommen bei der Weiterentwicklung zum 5G erweiternd verschiedene Schlüsselaspekte als zentrale Neuentwicklungen und Verbesserungen zum 4G dazu. Diese Schlüsselaspekte müssen nicht zwangsläufig gleichzeitig erfüllt werden, sondern können je nach Bedarf und angebundenem Gerät angepasst werden. Auf Grund der umfangsbezogenen Beschränkungen wird sich diese Arbeit mit den wesentlichen Elementen befassen.

Abbildung 1 zeigt alle Schlüsselpunkte die bei der Entwicklung des 5G in den Bereichen IoT, missionskritische Systeme und der Kontinuität der Anwendererfahrung im Vordergrund stehen. Besonders hervorzuheben sind bei der Entwicklung des 5G ab dem Jahre 2020 die Netzkapazität, die um den Faktor 10^3 steigen soll, sowie die Datenübertragungsrate und die Energieeffizienz, die sich um den Faktor 10 erhöhen werden. Für besonders kritische Systeme soll zudem eine sehr niedrige Latenz im Bereich von unter 1ms, sowie eine Verfügbarkeit von 99,999% realisiert werden.[14]

---

[11] Vgl. Das, S., Mobile Terminal Receiver Design, 2017, S. 6.
[12] Ein Zettabyte entspricht einer Mrd. Terrabyte (10^{12} Byte), also 10^{21} Byte.
[13] Vgl. Bogucka, A., Kliks, A., Kryszkiewicz, P., Advanced multicarrier technologies, 2017, S. 2.
[14] Vgl. Bogucka, A., Kliks, A., Kryszkiewicz, P., Advanced multicarrier technologies, 2017, S. 2 ff.

Abb. 1: Die Schlüsselaspekte bei der Entwicklung des 5G:

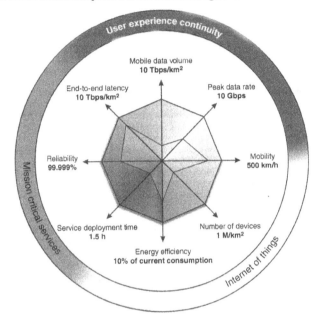

Quelle: Bogucka, A., Kliks, A., Kryszkiewicz, P., Advanced multicarrier technologies, 2017, S. 4.

2.3. Haupttreiber der 5G Technologie

Entgegen der Entwicklung früherer Generationen des Mobilfunks, die stetig auf einen bestimmten Bedarf hin entwickelt wurden, wird 5G von Beginn an mit einer hohen Diversität für verschiedenste Einsatzbereiche und Dienste konzipiert. Das Portfolio der 5G Technologie wird eine enge Verknüpfung verschiedener Mobilfunktechnologien wie enhanced LTE, WiFi und anderen, neu entwickelten 5G Funkstandards bilden, die auf verschiedene Zellgrößen, Frequenzbänder und spezifische Anforderungen angepasst werden. Die 5G Technologie soll nicht nur Mobiltelefone, Smartphones und Tablets anbinden, sondern eine schnurlose Verbindung zu diversen Dingen und Diensten, heutigen sowie zukünftigen, ermöglichen.[15]

---

[15] Vgl. Hu, F., Opportunities in 5G, 2016, S. 5 ff.

Die mit 5G eingeführten enhanced mobile broadband services werden es dem Nutzer ermöglichen, nie dagewesene Bandbreiten zu erreichen und dies praktisch jederzeit und überall. 5G wird durch die Ermöglichung neuer Technologien wie augmented reality und free viewpoint video eine neue Nutzererfahrung im Bereich der Vernetzung von Menschen ermöglichen. Zum anderen bietet 5G das Potential, die Industrie zu revolutionieren: Die Konzepte der ultra-reliable low-latency communications sowie massive machine-type communications bieten der Industrie entlang der gesamten Supply-Chain revolutionäre Anwendungsszenarien. Mit dem Einsatz von 5G bietet sich ein enormes Potential um eine vernetzte Gesellschaft und Industrie zu erschaffen.[16] Spezifischere Anwendungsszenarien werden in Kapitel vier aufgegriffen.

3. Grundlagen des Internet of Things

3.1. Historische Entwicklung

Spricht man allgemein vom Begriff des Internets, ist für viele Menschen das World Wide Web gemeint. Seit seiner Einführung im Jahre 1990 nutzten die Menschen das Internet um sich zu informieren, sich zu präsentieren, sich auszutauschen und sozial zu interagieren.[17] Lange Zeit galt das Internet hierbei als Netzwerk von Computern, durch einen Desktop-PC mit dem Nutzer agierend. Bereits heute hat sich diese Architektur deutlich gewandelt, das Internet der Dinge ist keine Zukunftsvision mehr, sondern längst zur Realität geworden. Der Begriff des Internet of Things (IoT) wird dem Amerikaner Kevin Ashton zugeschrieben, der ihn 1999 bei einer Präsentation zum Thema Supply-Chain Management verwendete. Ashton arbeitete zu dieser Zeit bereits am Einsatz von RFID in automatisierten Produktionsanlagen und deutete an, dass ein Umdenken beim Begriff der ‚Dinge' stattfinden müsse. Kann man davon ausgehen, dass jedes Gerät, das mit dem Internet verbunden werden kann streng genommen ein Ding ist, geht es bei IoT um smarte Geräte, Sensoren, Menschen und Dinge, die sich in irgendeiner Art ihrer Umwelt bewusst sind und sowohl untereinander als auch direkt mit dem Internet kommunizieren können.[18] Wie omnipräsent dieses Szenario bereits heute ist und wie sehr physikalisches und virtuelles Web ineinander überfließen kann man selbst als Verbraucher im Alltag feststellen. Durch die Einbindung des Smartphones ist der Mensch

---

[16] Vgl. Marsch, P. et al., 5G system design, 2018, S. 2 ff.
[17] Vgl. Meinel, C., Sack, H., WWW, 2004, S. 33 f.
[18] Vgl. Buyya, R., Dastjerdi, A., Internet of Things, 2016, S. 3 ff.

in der Lage, Einfluss auf verschiedene Bereiche seiner Umwelt zu nehmen, ebenso zahlreiche Daten aus Sensoren dieser wahrzunehmen. Beim Sport zählt das Fitnessarmband gelaufene Schritte und erklommene Stockwerke, die Smartwatch misst gleichzeitig den Puls. Die Geräte sind mit dem Smartphone, dem Internet und den Cloud-Servern verbunden. Der Nutzer stellt während seiner Auslaufrunde bereits die Klimaanlage seines Fahrzeugs ein um in ein gekühltes Fahrzeug einsteigen zu können,[19] bevor das Smartphone mittels GPS und Geofencing die Heizung im Haus einschaltet bevor er die Haustür erreicht.[20] Dies ist nur ein kleiner Auszug aus bereits heute nutz- und im Alltag erlebbarer IoT Technologie. Die bereits anlaufende nächste Entwicklung nach der Personal Computing Ära beschreibt das Ubiquitous Computing, also das allgegenwärtige Vorhandensein von digitaler Rechenkapazität. Dieses Konzept wird im folgenden Gliederungspunkt näher beleuchtet.

3.2. Grundkonzept des IoT & Ubiquitous Computing

Betrachtet man das Konzept des IoT, ist es hilfreich, die Grundkomponenten, aus denen es gebildet wird, zu verstehen. Diese Grundbausteine lassen sich zusammenfassend als Sensorik, die Fähigkeit der eindeutigen Fernidentifizierung und –steuerung, einem Kommunikationsnetzwerk, sowie der kontextbewussten Verarbeitung durch Software darstellen. Obschon uns diese Komponenten bereits seit Jahren begleiten, besteht die Innovation, die IoT mit sich bringt, in der Art und Weise wie diese Komponenten zusammenarbeiten. IoT verbindet das Internet des Menschen, das durch von Menschen bedienten Applikationen und Diensten geprägt ist, mit dem Internet der Dinge. Es ist ein Konzept einer kollaborierenden Umwelt mit allgegenwärtiger Verbindung durch das Internet um Daten auszutauschen.[21]

Der Grundgedanke des IoT ist es, Dinge durch den Einbau von Computern und Netzwerkkomponenten mit dem Internet zu verbinden, um ihnen die Fähigkeit zu geben Daten zu sammeln und auszuwerten. Diese nunmehr intelligenten Dinge sind dann in der

---

[19] Remote Services von BMW Connected erlauben es dem Nutzer mittels eines Smartphones verschiedene Funktionen seines Fahrzeuges aus der Ferne zu bedienen. Dazu gehört das Einschalten der Klimaanlage, die Anzeige des Standortes des Fahrzeuges über eine Karte oder die Aktivierung der Hupe bzw. Lichthupe. Weitere Informationen vgl. BMW AG, o.V., Connected Drive, 2018, o.S., zitiert nach bmw.de.
[20] Vgl. Andelfinger, V., Hänisch, T., Internet der Dinge, 2015, S. 13 ff.
[21] Vgl. Buyya, R., Dastjerdi, A., Internet of Things, 2016, S. 7 ff.

Lage unmittelbar untereinander zu kommunizieren oder als Datenquelle für die Kommunikation mit weiteren Systemen oder Anwendern zu dienen.[22] Abb. 2 zeigt eine vereinfachte Darstellung eines IoT Szenarios mit gängigen IoT-fähigen Geräten zur besseren Veranschaulichung dieses Konzepts:

Abb. 2: Das IoT Konzept in seiner grundlegenden Form:

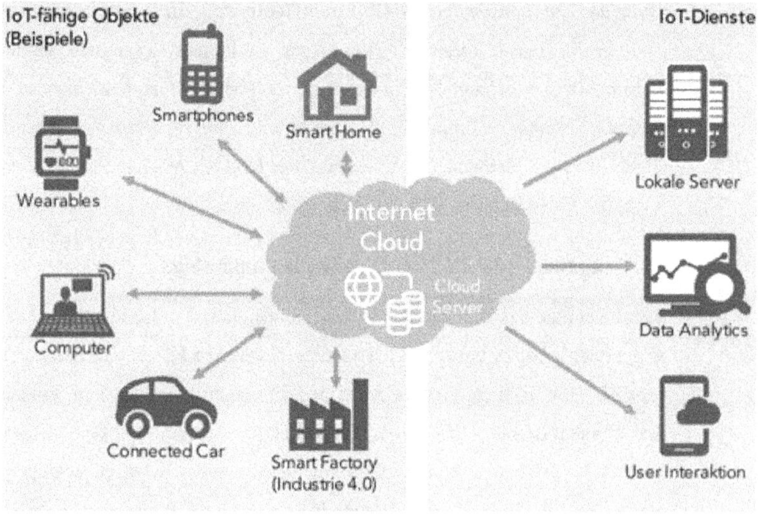

Quelle: Müller, S., IoT, 2016, S. 15.

In seiner grundlegenden Form bildet IoT die Architektur um Dinge, Daten und das Internet miteinander zu verbinden. Dabei können physikalische Dinge eindeutig identifiziert, deren Daten ausgewertet und über das Internet angesprochen und gesteuert werden. Nicht die Anbindung der Dinge selbst, sondern die Gewinnung von Informationen und Daten dieser Komponenten um den Nutzen von Produkten und Diensten zu bereichern ist das Ziel.[23]

---

[22] Vgl. Müller, S., IoT, 2016, S. 14.
[23] Vgl. Rayes, A., Salam, S., Internet of Things, From Hype to Reality, 2017, S. 2 f.

Internet of Things basiert auf einer serviceorientierten Architektur (SOA), die die Interoperabilität zwischen allen heterogenen Komponenten sicherstellen soll. Ein wesentliches Schlüsselattribut der Zusammenarbeit dieser komplexen Architektur ist die Sicherstellung einer hohen Zuverlässigkeit der Dienste und Verbindungen. Die SOA ist in vier Schichten konzipiert, in die die Komponenten und Dienste des IoT eingegliedert sind: Eine sensorische Schicht, in der Hardware integriert ist, die Zustände erfassen kann. Die Netzwerkschicht bildet die Infrastruktur, die eine Verbindung unter den Komponenten ermöglicht. Eine Serviceschicht, die vom Nutzer oder Applikationen benötigte Dienste zur Verfügung stellt und verwaltet, sowie eine Schnittstellenschicht, die Methoden der Interaktion mit Nutzern und Applikationen bereitstellt. Die Modularität dieser Architektur stellt die Zuverlässigkeit in dem Sinne sicher, als dass kein einzelnes Modul durch eine Fehlfunktion den Betrieb der Gesamtkomponente zum Ausfall bringen soll.[24]

Die fortschreitende Entwicklung der Miniaturisierung, die Reduzierung des Energiebedarfs von Technologien zur Vernetzung als auch Rechenprozessoren, sowie der Fortschritt im Bereich der drahtlosen Funktechnologien machen die dem IoT zu Grunde liegende Vision des Ubiquitous Computing, also dem allgegenwärtigen Vorhandensein kleinster Computer möglich. Rechenleistung und Vernetzung sind omnipräsent, in dem kleinste Computer in Alltagsgegenstände integriert werden, die überwiegend über Drahtlostechnologien kommunizieren. Die zugrundeliegende Informationstechnik wird nicht mehr wahrgenommen, da sie in alltäglich genutzten Gegenständen integriert wird. Aus Nutzersicht rückt die eigentliche Technologie in den Hintergrund, die durch Telemetrie gewonnenen Daten und deren Anwendungen in den Vordergrund.[25]

4. 5G als Technologie für die Internet of Things Architektur

4.1. 5G Konzept als notwendige Basis für das zukünftige IoT

Betrachtet man die IoT Architektur wird schnell deutlich, dass einige wesentliche Unterschiede in den Anforderungen zu bestehenden 4G Architekturen bestehen, denen es gilt Rechnung zu tragen. Während in der 4G Ära ein Großteil der mobilen

---

[24] Vgl. Rayes, A., Salam, S., Internet of Things, From Hype to Reality, 2017, S. 9 f.
[25] Vgl. Steffen, R., Augel, M., Ubiquitous Computing, 2007, S. 39 f; Zhou, H., The Internet of Things, 2013, S. 8 ff.

Datenkommunikation durch Smartphones erzeugt wurde, wird das Smartphone in der 5G Ära im Gesamtkontext an Signifikanz als mobiler Teilnehmer verlieren, da sich neue Potentiale an Netzanbindungen ergeben werden.[26]

Abb. 3: IoT Einsatzmöglichkeiten mit 5G Technologie:

Quelle: Qualcomm Technologies, o. V., Paving the path to Narrowband 5G, 2016, S.4.

In Abb. 3 werden beispielhaft Anwendungsszenarien aufgezeigt, die mit IoT über 5G realisiert werden können. Bereiche wie Smart Cities, also effiziente Verkehrssteuerung, smarte Parkplatzverteilung uvm., Smart Grid, d.h. intelligente Verteilungsnetze, die durch zentrale Steuerung optimal aufeinander abgestimmt sind, die Überwachung von Umweltdaten zur Umleitung des Verkehrs bei erhöhten Luftbelastungen, Brandprävention in Wäldern, sowie Car to Car und Car to X communication, die es Fahrzeugen ermöglicht untereinander, also M2M vor Gefahren zu warnen, gegenseitige Anwesenheit im Verkehr zu melden etc. stellen nur einige eines schier unüberschaubaren Spektrums von Anwendungspotentialen des IoT in mittel- bis langfristiger Zukunft dar. Die Anwendungsszenarien in den drei Hauptdomänen des IoT, Individual, das den Bereich des smart livings umfasst, Industrie zur Steigerung der Geschäftseffizienz, sowie Infrastruktur benötigen eine Zahl simultaner Anbindungen von Sensoren, Aktoren,

---

[26] Vgl. 5G Forum, o. V., 5G Service Roadmap, 2016, S. 42.

Fahrzeugen, Mobilgeräten und anderen Dingen, die sich um einen Faktor von 1000 zu bestehenden 4G Szenarios erhöht.[27]

Die Anwendungsbereiche stellen unterschiedliche Anforderungen an das Übertragungsnetzwerk. Geht es bei der persönlichen Nutzung von Geräten nach wie vor besonders um hohen Datendurchsatz bspw. um das Streaming von 4K oder 8K Videos zu ermöglichen, stellen industrielle bzw. landwirtschaftliche Anwendungsbereiche besondere Anforderungen an die Netzabdeckung, einen geringen Energiebedarf bei batteriebetriebenen Sensoren, sowie eine hohe Zuverlässigkeit.[28] Kritische Infrastruktur wie Smart Grid zur Verbesserung und Effizienzsteigerung der Versorgung von Städten, sowie Verkehrssteuerung zur effizienten und ökologischen Steuerung von Verkehrsflüssen bedürfen einer Übertragungstechnologie mit sehr geringer Latenz im Bereich von 1ms, sowie einer hohen Verfügbarkeit, um die Verkehrssicherheit, sowie eine zuverlässige Versorgung der Städte zu gewährleisten. Sensoren, die Daten liefern um diese Szenarien zu ermöglichen müssen langlebig und energieeffizient ausgelegt sein.[29]

Das Anwendungsspektrum des IoT mit massiver M2M Kommunikation in verschiedenen Bereichen können zurzeit genutzte 4G Technologien nicht bedienen. Ubiquitous Computing wird die Zahl der Teilnehmer drahtloser Netze exponentiell steigern. Dies macht Innovationen im Bereich der Drahtloskommunikation notwendig. Die Ressourcenverteilung bestehender 4G Netzwerke im Bereich des Frequenzspektrums, Übertragungszeitrahmens und –kapazität kann dieser Entwicklung nicht mehr Rechnung tragen.

Das gesamte Bandbreitenspektrum des 4G beträgt circa 1 GHz, große Zellen müssen viele Teilnehmer aufnehmen. Das unzureichende Spektrum und die mangelnde Kapazität reichen nicht aus, um als Netzwerk eine IoT Architektur der Zukunft aufzunehmen. 5G hingegen ist für kleinere Zellgrößen mit höherem Spektrum konzipiert. Das Frequenzspektrum stellt eine begrenzte Ressource dar, die der Skalierbarkeit von Bandbreiten und damit ermöglichten Datenraten Grenzen setzt. Um Datenraten und

---

[27] Vgl. Behmann, F., Kwok, W., Collaborative Internet of Things, 2015, S. 13.
[28] Vgl. 5G Americas, o.V., LTE and 5G Technologies, 2016, S. 19.
[29] Vgl. 5G Forum, o. V., 5G Service Roadmap, 2016, S. 41.

Kapazitäten wie in Abb. 1 beschriebenen Größenordnungen zu erhöhen, sind daher neben der Erhöhung der spektralen Effizienz und der Wiederbenutzung desselben Spektrums an einem anderen Ort eine Erhöhung des Spektrums im Bereich 6 GHz bis 100 GHz notwendig.[30] Zusätzlich lassen sich Mikrozellen einbinden, die für besonders hohe Datendurchsätze genutzt werden können. Solche 5G Mikrozellen können sowohl autark als auch an das Internet angebunden genutzt werden. Da Funkübertragung in einem hohen Spektralbereich große Pfadverluste aufweist, nutzt 5G spezielle Indoor und Outdoor Übertragungstechnologien mit hybriden MIMO Antennenarrays, die die Anforderungen hinsichtlich Reichweite, Signalqualität und der Begrenzung von Interferenzen erfüllen.[31]

4.2. Chancen und Risiken des Einsatzes der IoT Architektur mit 5G

Einhergehend mit Ubiquitous Computing wird 5G auch Ubiquitous Connectivity für das IoT ermöglichen. Da dann alle Geräte selbst vernetzt und mit dem Internet verbunden sind, ergeben sich für das IoT die Risiken des Internets selbst. Zum einen können Hacker die Komponenten des IoT selbst als Botnetz für Angriffe nutzen, zum anderen ihre Daten etwa zur Spionage nutzen.[32] Die IoT Komponenten haben oftmals eine begrenzte Rechenkapazität, die es ihnen lediglich ermöglicht die für sie konzipierte Aufgabe zu erfüllen. Eine Absicherung bspw. mit Verschlüsselungstechnologie sowie Authentifizierung werden zum heutigen Zeitpunkt teilweise nur mangelhaft implementiert und müssen zukünftig verbessert werden. Da auch kritische Netze wie Verkehrssteuerung, deren Verfügbarkeit höchste Priorität hat, über 5G angebunden werden sollen, ist 5G Sende- und Übermittlungstechnik vollumfänglich gegen Vandalismus und Terrorismus zu schützen. Ein Angriff oder eine Beschädigung von wichtigen Sendemasten kann sonst zu Ausfällen kritischer Funktionen führen, wie im Mai 2016 in Schweden geschehen, als zwei Sendemasten, die zentrale Teile Schwedens Infrastruktur bereitstellten, durch Sabotage ausfielen. Eine Absicherung der Sendetechnik ist daher unerlässlich.[33]

---

[30] Vgl. Rysavy Research, o. V., LTE to 5G, 2017, S. 23.
[31] Vgl. Freund, R. et al., 5G-Datentransport, 2018, S. 100ff.
[32] Das Botnetz Mirai nutzte circa 380.000 schlecht geschützte IoT Geräte für distributed denial-of-service Angriffe, ein 2018 entdecktes Botnetz mit dem Namen Hide'n Seek verfolgt andere Ziele. Der untersuchte Quellcode enthüllte Funktionen, die zur Spionage der Nutzer genutzt werden konnten. Solche Daten werden dann bspw. zu Erpressungszwecken missbraucht. Mehr Informationen vgl. von Westernhagen, O., IoT-Botnetze, 2018, S. 1.
[33] Vgl. Liyanage M., Ahmad, I., Abro, A., Gurtov, A., Yliantilla, M., 5G Security, 2018, S. 239.

Weitere Risiken des 5G sind mit der Verwendung des neuen Funkspektrums verknüpft. Der Einsatz neuer Technologien, die benötigt werden um im von 5G genutzten Spektrum des Millimeterwellenbereichs zu arbeiten, birgt Risiken: Durch eine vorschnelle Markteinführung noch nicht standardisierter Geräte zur Funkübertragung können Kompatibilitätsprobleme erwachsen. Wenn Geräte unterschiedlicher Hersteller nicht miteinander kommunizieren können, kann dies eine Einführung und Nutzung von IoT mindestens verzögern. Erst nach Sicherstellung und Konsens über Standards, sowie deren Einhaltung, lassen sich solche Risiken umgehen.

Frequenzen sind weltweit staatlich oder überstaatlich reglementiert, woraus zulassungsrelevante Risiken entstehen. Langwierige Zulassungsprozesse und damit einhergehende Verzögerungen können einen Einsatz von IoT über 5G Technologie entscheidend verzögern und abschreckend auf Kunden und Investoren wirken.[34]

Die Chancen, die der Einsatz von 5G dem zukünftigen IoT bietet, sind hingegen vielfältig: Das US-Unternehmen Cisco, als einer der führenden Anbieter von IoT Lösungen, prognostiziert der Weltwirtschaft durch den Einsatz eines 5G basiertem IoT ein hohes Potential. So kreiert IoT Werte insbesondere durch eine verbesserte Ressourcennutzung und Kostensenkung, eine erhöhte Mitarbeiterproduktivität durch gesteigerte Arbeitseffizienz, eine Effizienzsteigerung im Supply-Chain Management durch Datenanalyse entlang der Supply-Chain, eine Verbesserung des Kundenerlebnisses und damit verbundenen Kundengewinnung und -loyalität sowie durch eine Verkürzung der Dauer bis zur Markteinführung von Innovationen. Durch den Einsatz von IoT in der Wirtschaft lassen sich Umsätze steigern und Kosten senken. Der so entstehende Mehrwert durch IoT bis 2020 wird von Cisco monetär mit 14,4 Billionen US-Dollar bewertet.[35]

Analysiert man die in der Literatur beschriebenen Trends im Bereich des IoT aus einer systemischen Betrachtungsweise so fällt auf, dass die Grundvoraussetzungen für den Erfolg dieser Technologien auf einer immer stärkeren Vernetzung vorher getrennter technischer sowie gesellschaftlicher Bereiche beruht.[36] Zahlreiche in dieser Arbeit beschriebene Anwendungsfelder lassen sich erst durch den Einsatz von 5G realisieren.

---

[34] Vgl. Macaulay, T., RIoT Control, 2017, S. 290 f.
[35] Vgl. Bradley, J., Barbier, J., Handler, D., Embracing the Internet of Everything, 2013, S. 1, zitiert nach cisco.com.
[36] Vgl. Hiermaier, S., Scharte, B., Ausfallsichere Systeme, 2018, S. 296.

5G bietet die notwendige Infrastruktur, technologischen Grundbausteine, Entwicklungen und Normen, auf die ein IoT der Zukunft aufgebaut werden kann. Ein weiteres Festhalten an 4G ist nicht sinnvoll mit den geplanten Anwendungsbereichen des IoT vertretbar. Dies gilt zum einen auf Grund der Entwicklung der Anzahl angebundener Geräte, als auch wegen der mannigfaltigen Einsatzbereiche, die 5G gegenüber aktuellen Standards einführen wird. Die Ausgaben für IoT werden sich gemäß einer Prognose des statistischen Bundesamts weltweit im Jahr 2020 auf fast drei Billionen US Dollar belaufen.[37] 5G bietet durch die Festlegung verschiedener, in Abb. 1 dargestellter Kriterien, ein tragfähiges Fundament für ein IoT der Zukunft, auf das Hersteller bereits heute bauen können und das den Unternehmen Planungssicherheit bietet.

5. Fazit

5.1. Zusammenfassung der Ergebnisse

Diese Arbeit stellte die Einsatzmöglichkeiten des 5G für ein zukünftiges IoT und die sich daraus ergebenen Chancen und Risiken dar. Es kann zusammenfassend gesagt werden, dass die Entwicklung von 5G wesentlich von den Anforderungen eines IoT der Zukunft geprägt und zielgerichtet hierfür entwickelt wird. Entgegen vorheriger Mobilfunkstandards, die primär für die Nutzung von Smartphones optimiert und entwickelt wurden, ist die 5G Entwicklung breiter aufgestellt, um den Anforderungen eines IoT optimal zu entsprechen. Zwar ergeben sich durch eine zunehmende Vernetzung Risiken durch die rasant zunehmende Abhängigkeit von Technik, sowie Risiken einer übereilten Einführung ohne die Einhaltung von Standards, jedoch überwiegen die Chancen und Potentiale, die sich der Wirtschaft durch die Nutzung von 5G für das IoT ergeben. Die massenhafte Vernetzung von Dingen lässt sich ohne einen neuen Mobilfunkstandard schwer bis gar nicht realisieren.

5.2. Kritische Würdigung und Ausblick

Obschon jede neue Technik Risiken birgt, ist der Ausblick auf ein IoT, das durch ein 5G Netzwerk angebunden wird, in allen Bereichen der Gesellschaft und Wirtschaft als revolutionär anzusehen. Nicht nur, dass sich dem Konsumenten neue Möglichkeiten der Interaktion mit seiner Umwelt eröffnen, insbesondere die Wirtschaft wird durch den

---

[37] Vgl. Statistisches Bundesamt, Marktprognosen, 2017, S. 6, zitiert nach de.statista.com.

Einsatz des IoT und der Omnipräsenz einer Weitverkehrsnetzanbindung durch die 5G Technologie wesentliche Effizienzsteigerungen erfahren können. Die Chancen für die Wirtschaft sind enorm und spiegeln sich auch in Prognosen des statistischen Bundesamts wider: Im Jahre 2020 wird der Umsatz mit dem IoT allein in Deutschland die 50 Milliarden € Marke übersteigen. M2M Mobilfunkanschlüsse steigen demnach von circa 647 Millionen in Jahre 2017 auf über 2,7 Milliarden im Jahre 2020. Solche Entwicklungen werden sich nur mit der Vernetzung mittels 5G Technologie stemmen lassen.[38]

---

[38] Vgl. Statistisches Bundesamt, Marktprognosen 2017, S. 9ff, zitiert nach de.statista.com.

Literaturverzeichnis

5G Americas, o. V. (5G and LTE Technologies, 2016): 5G and LTE Technologies enabling the Internet of Things, Bellevue 2016

5G Forum, o. V. (5G Service Roadmap, 2016): 5G Service Roadmap 2022, Seoul 2016

Andelfinger, V., Hänisch, T. (Internet der Dinge, 2015): Internet der Dinge – Technik, Trends und Geschäftsmodelle, Wiesbaden 2015

Behmann, F., Kwok, W. (Collaborative Internet of Things, 2015): Collaborative Internet of Things (C-IoT), Chichester 2015

Bogucka, A., Kliks, A., Kryszkiewicz, P. (Advanced multicarrier technologies, 2017): Advanced multicarrier technologies for future radio communition – 5G and beyond, Hoboken 2017

Buyya, R., Dastjerdi, A. (Internet of Things, 2016): Internet of Things – Principles and paradigms, Cambridge 2016

Dahlman, E., Parkvall, S., Skold, J. (Road to 5G, 2016): 4G, LTE-Advanced Pro and the Road to 5G, 3. Aufl., London 2016

Das, S. (Mobile Terminal Receiver Design, 2017): Mobile Terminal Receiver Design – LTE and LTE-Advanced, Hoboken 2017

Freund, R., Haustein, T., Kasparick, M., Mahler, K., Schulz-Zander, J., Thiele, L., Wiegand, T. (5G-Datentransport, 2018): 5G Datentransport mit Höchstgeschwindigkeit, in: Neugebauer, R. (Hrsg.), Digitalisierung – Schlüsseltechnologien für Wirtschaft & Gesellschaft, Wiesbaden 2018

Hiermaier, S., Scharte, B. (Ausfallsichere Systeme, 2018): Ausfallsichere Systeme – Resilienz als Sicherheitskonzept im Zeitalter der Digitalisierung, in: Neugebauer, R. (Hrsg.), Digitalisierung – Schlüsseltechnologien für Wirtschaft & Gesellschaft, Wiesbaden 2018

Hu, F. (Opportunities in 5G, 2016): Opportunities in 5G networks, Boca Raton, 2016

Laudon, K., Laudon, J. (Wirtschaftsinformatik, 2010): Wirtschaftsinformatik, 2. Aufl., München 2010

Liyanage M., Ahmad, I., Abro, A., Gurtov, A., Yliantilla, M. (5G Security, 2018): A comprehensive guide to 5G Security, Hoboken 2018

Macaulay, T. (RIoT Control, 2017): Riot Control – Understanding and Managing Risks and the Internet of Things, Cambridge 2017

Marsch, P., Bulakci, Ö., Queseth, O., Boldi, M. (5G system design, 2018): 5G system design – Architectual and functional considerations and long term research, Hoboken 2018

Meinel, C., Sack, H. (WWW, 2004): WWW - Kommunikation, Internetworking, Web-Technologien, Heidelberg 2004

Müller, S. (IoT, 2016): Internet of Things (IoT) – Ein Wegweiser durch das Internet der Dinge, Norderstedt 2016

Nuszkowski, H. (Digitale Signalübertragung, 2010): Digitale Signalübertragung im Mobilfunk, Dresden 2010

Prasad, R. (5G 2020 and Beyond, 2014): 5G: 2020 and Beyond, Aalborg 2014

Qualcomm Technologies, o. V., (Paving the path to Narrowband 5G, 2016): Paving the path to Narrowband 5G with LTE Internet of Things (IoT), San Diego 2016

Rayes, A., Salam, S. (Internet of Things, From Hype to reality, 2017): Internet of Things – From Hype to reality, Cham, 2017

Rysavy Reseach, o. V. (LTE to 5G, 2017): LTE to 5G: Cellular and Broadcast Innovation, Oregon 2017

Scherff, J. (Computernetzwerke, 2010): Grundkurs Computernetzwerke, 2. Aufl., Wiesbaden 2010

Schneider, S. (Mobile Marketing, 2015): Mobile Marketing – Die moderne Marketingkommunikation: Die Integration von Mobile Marketing in den Marketing-Mix, Hamburg 2015

Steffen, R., Augel, M. (Ubiquitous Computing, 2007): Mit Low-Power-Funktechnologie auf dem Weg zu Ubiquitous Computing, in: Bullinger, H., ten Hompel, M. (Hrsg.), Internet der Dinge, Wiesbaden 2007

Walke, B. (Mobilfunknetze, 2001): Mobilfunknetze und ihre Protokolle 2, 3. Aufl., Wiesbaden 2001

Zhou, H. (The Internet of Things, 2013): The Internet of Things in the Cloud, Boca Raton 2013

Internetquellen

BMW AG, o.V. (Connected Drive, 2018): BMW ConnectedDrive / Remote Services, URL: https://www.b-mw.de/de/topics/faszination-bmw/connecteddrive/digital-services/remote-services.html, Abruf am 23.05.18

Bradley, J., Barbier, J., Handler, D. (Embracing the Internet of Everything, 2013): Embracing the Internet of Everything To Capture Your Share of $14.4 Trillion, S. 1, URL: https://www.cisco.com/c/dam/en_us/buy/ciscocapital/apjc/assets/pdfs/io-economy.pdf, Abruf am 29.05.2018

Statistisches Bundesamt (Prognose zur Anzahl der Geräte im IoT, 2017): Prognose zur Anzahl der vernetzten Geräte im Internet der Dinge (IoT) weltweit in den Jahren 2016 bis 2020 (in Millionen Einheiten), URL: https://de.statista.com/statistik/d-aten/studie/537093/umfrage/anzahl-der-vernetzten-geraete-im-internet-der-dinge-iot-weltweit/, Abruf am 02.05.2018

Statistisches Bundesamt (Marktprognosen, 2017): Marktprognosen zum Internet der Dinge, URL: https://de.statista.com/statistik/studie/id/34576/dokument/marktprognosen-zum-internet-der-dinge-statista-dossier/, Abruf am 28.05.2018

Tesla, N. (Interview, 1926), in: Kennedy, J. B. (1926): An interview with Nikola Tesla, URL: http://www.tfcbooks.com/tesla/1926-01-30.htm, Abruf am 02.05.2018

Vodafone AG, o.V. (Internet mit LTE, 2018): Internet mit LTE über Vodafone Gigacube, URL: https://www.vdafone.de/privat/mobiles-internet-dsl/internet-lte.html?b_id=-1427, Abruf am 22.05.2018

Von Westernhagen, O. (IoT-Botnetze, 2018): Hide'n Seek: IoT-Botnetz mit Spionage Skills, URL: https://www.heise.de/security/meldung/Hide-n-Seek-IoT-Botnetz-mit-Spionage-Skills-3950938.html, Abruf am 28.05.2018

BEI GRIN MACHT SICH IHR WISSEN BEZAHLT

- Wir veröffentlichen Ihre Hausarbeit, Bachelor- und Masterarbeit

- Ihr eigenes eBook und Buch - weltweit in allen wichtigen Shops

- Verdienen Sie an jedem Verkauf

Jetzt bei www.GRIN.com hochladen und kostenlos publizieren